Vida latina

Días festivos y celebraciones

ÍNDICE DE MATERIAS

Capítulo 1

CELEBRACIONES FAMILIARES

¡Fiesta! Aun gente que no sabe español sabe el significado de esta palabra. A los hispanohablantes o hispanoparlantes, llámense latinos o hispanos, les gusta celebrar y hacer fiestas.

Las celebraciones pueden ser por muchos motivos. A veces son fiestas religiosas; o fiestas patrias de su país de origen que celebran con desfiles o paradas, programas especiales y otras actividades. Unas veces son festivales de música, baile, trajes típicos y comidas de la tierra lejana. Otras, son ocasiones más personales—un cumpleaños, una primera comunión o una boda.

Cuando se le pregunta a una persona latina qué es lo que considera más importante, lo más seguro es que conteste "mi familia". Por eso, para hablar de fiestas latinas, hay que empezar con las celebraciones familiares.

BAUTISMO

La gran mayoría de los latinos en Estados Unidos son católicos. Hace varios siglos, cuando los españoles colonizaron Centroamérica y Suramérica, los sacerdotes católicos siempre formaban parte de la empresa. Cuando las colonias se independizaron de España, ciertos gobiernos de los nuevos países establecieron nexos especiales con la iglesia católica. Era muy común que ésta se encargara de administrar las escuelas nacionales. No debe sorprender,

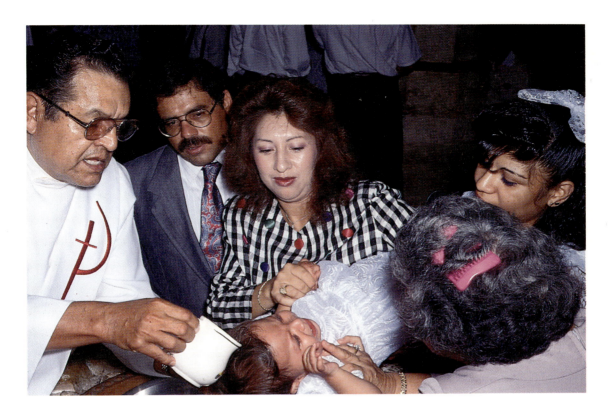

Padres y padrinos en el bautizo de un bebé.

entonces, que muchos niños latinos sean católicos. En gran cantidad de vecindarios hay iglesias católicas donde se dicen misas en español y en inglés.

El bautismo es la manera de presentar al recién nacido al mundo y a la iglesia. En la mayoría de los casos, los padres y los padrinos llevan a la criatura, vestida lo más lujosamente posible, a una misa. Frente al santuario, los padrinos prometen velar por el bienestar del ahijado y enseñarle a amar a Dios. El padre o sacerdote le echa agua bendita en la cabeza, dice una oración y anuncia el nombre de la criatura. Con mucha música y buena comida, se celebra una fiesta después del bautizo porque la familia y la iglesia tienen un nuevo miembro.

Algunos latinos han abandonado la iglesia católica y se han hecho miembros de la evangélica o pentecostal. En casi todas esas iglesias protestantes también hay bautismo, pero de manera distinta. Para ellos, el bautismo implica que la persona acepta la fe cristiana por voluntad propia; y como los niños no tienen uso de razón para decidir por sí mismos, muy pocas veces se les bautiza. En estos casos, el bautismo de los adolescentes o adultos es una ceremonia mucho más sencilla, aunque a veces puede que los presentes canten, den muchas palmas y luego salgan a cenar juntos.

PRIMERA COMUNIÓN

Uno de los eventos más importantes para un niño católico es la primera comunión. Por lo general, se hace a los seis o siete años. Desde varios meses antes, un grupo de niños se preparan para tan importante fecha en la escuela o en la iglesia. Estudian lo que es la fe cristiana, lo que significa la comunión o eucaristía. Igualmente, ensayan la ceremonia propiamente dicha.

Ese día, los padrinos de comunión están con los ahijados. Los varones llevan corbata y camisa blanca; las niñas, hermosos vestidos y velos blancos. Ambos pueden entrar a la iglesia con velas. Primero hay música y oraciones; después, todos los participantes se acercan al altar para recibir la hostia. Ésta es una hojita redonda y delgada de pan ázimo que, para los católicos, significa que Jesucristo dio su vida en la cruz.

La celebración casi siempre continúa con una fiesta o un picnic después de la ceremonia. A Los niños que han recibido su primera comunión probablemente les dan regalos sus parientes y amigos.

CUMPLEAÑOS Y DÍA DEL SANTO

Muchos latinos celebran el cumpleaños con un bizcocho, regalos y una fiesta donde generalmente hay música alegre, bailable, como *salsa* o *merengue*. Puede haber *tamales*, si son de origen mexicano; o *pasteles* si son familias puertorriqueñas o dominicanas. Si son colombianos, puede haber *sancocho*, una sopa que lleva plátano, y *arepas*, una especie de tortillitas de maíz.

En las fiestas de los niños mexicanos y otros latinos, lo más probable es que haya una *piñata*, una olla de barro u otro recipiente que se cubre con papel piedra y se adorna con vistosos papeles de colores. Muchas piñatas se hacen en forma de algún animal. Un adulto la cuelga de una rama de árbol en el patio, o del techo si la fiesta es dentro de la casa. Una persona se encarga de la soga o cuerda.

Las piñatas se adornan con papeles de colores vistosos.

Con los ojos vendados, empezando con el más chiquito, a cada niño le toca su turno para tratar de quebrar la piñata. La persona de la soga sube y baja la piñata mientras que el niño vendado que tiene el palo trata de pegarle. A pesar de que es difícil darle a la piñata en movimiento, al fin alguien la quiebra y caen los dulces por todas partes. Todos los niños se avalanzan para agarrar todo lo que puedan.

En algunas familias latinas, es costumbre que los niños lleven el nombre de un santo, una persona que vivió hace mucho tiempo y que la iglesia católica considera muy buena, muy cercana a Dios. Cada santo o santa tiene su día especial durante el año. Si la familia celebra el día del santo, se hace una comida especial en honor del niño o de la niña, casi como un segundo cumpleaños.

LA QUINCEAÑERA

La fiesta de los quince años es la más grande de todas para numerosas muchachas latinas. En ciertas partes se le llama *quinceañera* a esta fiesta, lo mismo que a la muchacha. Significa que la joven ha dejado atrás su niñez y ahora es toda una señorita. Entre las católicas, esta fecha es también para renovar promesas religiosas.

Los preparativos para la quinceañera toman mucho tiempo. A veces se hace varias semanas después del cumpleaños para que puedan llegar los invitados de otros sitios. La joven y su familia eligen a su pareja, el *chambelán* o *caballero de honor*; y catorce muchachas, las *damas*, y catorce muchachos más, los *chambelanes* o *caballeros* de éstas. Todos juntos forman la "corte". Casi siempre hay una misa en la iglesia como parte de la celebración y después, una fiesta que puede ser en la casa, en un hotel o en un salón de fiestas.

El día del acontecimiento, la corte entra primero a la iglesia, casi como en una boda, con las muchachas

Una joven latina lee sus votos durante la misa de **quinceañera**.

elegantemente ataviadas y los muchachos, de etiqueta. La quinceañera, con traje largo y un ramo de flores, va de último. Se le juntan entonces los padres y los padrinos. La muchacha se para, con sus padres, al frente del altar, rodeada por su corte.

Durante la misa, la joven renueva sus promesas a Dios y a la iglesia, ahora como adulto, no como niña. Tal vez saque una flor de su ramo y la ponga en el altar de un santo o una santa de la devoción de la familia. A la hora de comulgar, ella es la primera en recibir la eucaristía.

En la noche, la *fiesta de quinceañera* se llena con gente de toda edad en una sala o salón adornado con globos y flores donde abunda la comida y los músicos tocan sus instrumentos.

La corte se forma en dos hileras para que la quinceañera y su caballero o chambelán pasen entre ellos. Cuando se sienta en su puesto de honor, el padre le quita los zapatos bajos y le pone zapatos nuevos, de tacón. Luego el padre baila el primer baile con su hija y después ésta continúa bailando con su caballero.

Esta noche de fiesta puede ser larga. La joven jamás olvidará esta fecha en que dejó atrás su niñez y se convirtió en toda una señorita.

Capítulo 2

FIESTAS RELIGIOSAS

Las fiestas religiosas son muy importantes para la mayoría de los latinos, hasta para los que no van a la iglesia con regularidad. Son comunes las fiestas, procesiones y festivales para celebrar los días de diversos santos y otros eventos religiosos.

NAVIDAD

El 25 de diciembre es un día importante para toda la cristiandad, el nacimiento del niño Jesús. Para los latinos en particular, las fiestas pueden empezar a mediados de diciembre con Las Posadas. Éstas son dramatizaciones de una historia bíblica. Con una pareja haciendo los papeles de María y José, un grupo de personas van de casa en casa buscando posada donde pasar la noche. Llevan velas encendidas y estatuillas de los padres de Jesús. En varias casas les niegan posada, pero al fin, en una les abren las puertas y todos entran. En esa "posada" se han preparado con una piñata, pan dulce y chocolate. Allí sigue la fiesta con más canciones navideñas.

En ciertas comunidades se celebran Las Posadas durante nueve días, del 16 al 24 de diciembre. En otras, como en San Antonio, Texas, se hacen un solo día, el segundo domingo de diciembre. Niñas y niños vestidos como María y José, pastorcitos y ángeles van por el

Ciertas iglesias hacen representaciones de Las Posadas durante la época navideña.

Paseo del Río hasta llegar a la Plaza Juárez, donde la celebración incluye baile, música y una piñata.

Otras familias cristianas, no católicas, celebran la Navidad con villancicos y veladas en diciembre. Los días 24 y 25 son los más importantes. Los parientes se dan regalos y rezan y comen juntos.

Para los católicos, también son importantes estos dos días de Nochebuena y Navidad. Algunos llevan sus mascotas a la iglesia para la "bendición de los animales", un gesto en honor de los animales que estuvieron presentes en el nacimiento del niño Jesús en el establo. Por la noche, muchas familias tienen una magnífica comida. Los puertorriqueños tal vez sirvan arroz, habichuelas, lechón y *pasteles*. A los cubanoamericanos también les gusta servir lechón y, de postre, *turrones* importados de España. La misa de media noche, o *misa del gallo*, es muy concurrida. Se llama así porque empieza a la medianoche y termina en la madrugada, cuando canta el gallo.

Unos latinos católicos ahora abren los regalos el día de Navidad. Otros siguen la costumbre más tradicional de esperar hasta el 6 de enero, el día de los Tres Reyes o los Reyes Magos. Se dice que ése fue el día que los tres monarcas llegaron a adorar al niño Jesús. Según una vieja costumbre, los niños ponen los zapatos en la puerta, o la ventana, o al pie de la cama. A éstos los llenan de yerba y al lado ponen una vasija con agua para los camellos. Por la mañana, la yerba y el agua han desaparecido y en su lugar se encuentran dulces y regalos.

Más tarde ese día muchos tienen una gran comida que termina con el bizcocho, pan, o rosca de reyes, que tiene forma circular. Por lo general, se echa dentro del mismo un premio, como un anillo, antes de hornearlo. Se supone que quien lo encuentra en su porción va a tener muy buena suerte todo el año.

Un mago ofrece un regalo a un angelito durante la procesión del Día de Reyes.

■ 14 ■

SEMANA SANTA

La Semana Santa es muy importante para los latinos de distintas denominaciones cristianas. Se recuerda en esos días la muerte de Jesucristo y su resurrección de entre los muertos. La celebración empieza el Domingo de Ramos. Ese día, los niños dan la vuelta por la iglesia y saludan con hojas, o ramos, de palma. Según la historia bíblica, poco antes de su muerte, Jesús entró en Jerusalén y una muchedumbre lo saludó con ramos de palma y lo proclamó su rey.

El jueves siguiente, o Jueves Santo, hay servicios especiales en las iglesias para conmemorar la Última Cena de Jesús con los doce apóstoles. El día siguiente, Viernes Santo, dice la historia, es el día que Jesús murió en la cruz. Éste es un día de mucha solemnidad para los católicos—en las iglesias se cubren la cruz y los altares con lienzos negros.

El Domingo de Pascua, de Pascua Florida o de Resurrección, es un día alegre. La gente va otra vez a la iglesia y ahora hay claridad y música. El padre o sacerdote, o el pastor, dice que "Cristo se ha levantado". Después, en las casas puede haber una buena comida y, en algunos lugares, por la tarde los niños buscan huevos escondidos y juegan con *cascarones* de huevo llenos de confetti. A los chicos les encanta romper los cascarones en la cabeza de otros porque parece que les hubiera caído nieve de colores.

DÍA DE LOS MUERTOS O DE LOS DIFUNTOS

El Día de los muertos, el 2 de noviembre, es una ocasión muy celebrada en México, así como en muchas comunidades en Estados Unidos. Ese día, las familias honran a sus parientes fallecidos. Para ese

día, limpian las tumbas y las adornan con flores y estatuillas. Es común que las familias lleven un picnic al cementerio y celebren allí con cantos, bailes y cuentos. Las panaderías hacen *panes de muertos* en forma de calaveras y esqueletos humanos o de animales. Las iglesias católicas dicen misas por las almas de los difuntos.

Una familia presenta sus ofrendas en un altar del Día de los muertos.

FIESTAS PATRONALES

La celebración anual del día del santo patrón o la santa patrona de una ciudad o pueblo es importante para muchos latinos católicos. Para los creyentes, los santos observan desde el cielo y protegen a las personas. La patrona de México es Nuestra Señora de Guadalupe. Cuenta la leyenda que la Virgen María se le apareció varias veces a un indio llamado Juan Diego en una colina cercana a la ciudad de México en 1531. Le dijo que fuera a otra colina donde no había agua y cuando llegó encontró unos hermosos rosales en flor. Entonces lo mandó a que hablara con el obispo y Juan así lo hizo. Cuando abrió su *tilma* (sarape o poncho) para enseñarle las rosas al obispo, éstas habían desaparecido y lo que había era un retrato de la Virgen María.

El día de Nuestra Señora de Guadalupe es el 12 de diciembre pero la celebración dura varios días. En Las Cruces, Nuevo México, la gente sube un cerro con velas encendidas y rosas en la mano en honor de la Virgen María. Después, el mismo día, presentan danzas españolas e indias y comen una gran cena. Muchas otras comunidades mexicoamericanas tienen celebraciones parecidas.

Para los puertorriqueños, el 24 de junio es un gran

Altar dedicado a la Virgen de Guadalupe.

día, el día de San Juan Bautista, patrón de la capital de la isla. En Newport Beach Resort, en Sunny Isles, cerca de Miami, Florida, la Celebración San Juan dura tres días. Hay música alegre para bailar, comidas tradicionales, artesanías, disfraces y otras manifestaciones artísticas. Se acostumbra celebrar el día de San Juan cerca del mar, donde muchos se zambullen a media noche, como si se estuvieran bautizando.

Los niños cubanoamericanos saben la historia de la aparición de la Virgen María hace mucho tiempo en Santiago de Cuba. A la Virgen, como apareció allí, patrona de Cuba, la llaman Nuestra Señora de la Caridad del Cobre. Su día es el 8 de septiembre, día en que los cubanoamericanos de Miami y otras ciudades ponen velas y flores en la iglesia durante la misa, hacen procesiones y fiestas en su honor.

Otros santos cuyos días celebran muchos latinos son La Candelaria (2 de febrero), San José (19 de marzo), la Santa Cruz (3 de mayo), Corpus Christi (principios de junio), Nuestra Señora de Montserrat (8 de septiembre) y San Francisco (4 de octubre).

Capítulo 3

FIESTAS PATRIAS

Para muchos latinos, las fiestas patrias son dobles: las de su país adoptivo, Estados Unidos, y las de su país de origen (o de origen de sus parientes). Alrededor de esas fechas, en muchas escuelas se organizan actividades en que participan padres, maestros y alumnos. Ciertas comunidades latinas organizan desfiles y otras fiestas, algunas de las cuales se verán en este capítulo.

15-16 DE SEPTIEMBRE

Durante varios siglos, el reino de España se extendió mucho más allá de sus fronteras europeas: Suramérica, Centroamérica, la parte occidental de Estados Unidos, entre otros. México y Centroamérica formaban parte de Nueva España.

A principios del siglo XIX había bastante descontento en México con el gobierno español. Los mexicanos—especialmente los criollos, los hijos de españoles nacidos en tierras americanas— consideraban que los impuestos eran muy altos y las leyes comerciales, injustas. Los criollos aborrecían a los *peninsulares*, los que llegaban de España a encargarse de los asuntos del gobierno. Pronto empezaron las pláticas secretas entre los criollos para tratar de la independencia de España.

Un líder de los criollos era Miguel Hidalgo, sacerdote católico de la población de Dolores. Él y otros revolucionarios planeaban empezar la revolución el 1º de octubre de 1810, pero en septiembre, un espía se lo informó al virrey español, o gobernador. Cuando los rebeldes se enteraron de esa traición, enviaron un recado al padre Hidalgo.

El mensajero viajó a caballo la madrugada del domingo 16 de septiembre de 1810. El padre Hidalgo, al despertar con tan mala noticia, decidió que no había tiempo que perder. Mientras unos cuantos se fueron por las armas, el padre y otros se fueron a la iglesia, frente a la plaza, y tocaron la campana para reunir al público. La alocución del padre Hidalgo se hizo famosa con el nombre de "El Grito de Dolores". Exhortaba al pueblo a que se rebelara y luchara por la libertad y la justicia.

Dos niñas en un desfile del 16 de septiembre, independencia de México.

Terminó diciendo: "¡Viva América! ¡Viva la religión! ¡Abajo con el mal gobierno!" La gente inmediatamente hizo eco de sus palabras.

Hidalgo dirigió varias batallas con un pequeño ejército vulnerable. Poco después los españoles lo capturaron y lo ejecutaron el 20 de julio de 1811. Nueva España no logró independizarse sino hasta el año 1821. Aunque el padre Hidalgo no logró ver la victoria, los mexicanos lo honran por su valor. Todos los años, la noche del 15 amanecer del 16 de septiembre, se representa El Grito de Dolores en el Zócalo en la Ciudad de México.

Los países centroamericanos de Guatemala, El Salvador, Honduras, Nicaragua y Costa Rica celebran su independencia el 15 de septiembre porque ese día, en 1821, decidieron independizarse de Nueva España (México), que a su vez acababa de independizarse de España.

Dos niñas guatemaltecas con trajes típicos durante un desfile latino.

Muchos latinos de origen mexicano, guatemalteco, hondureño, salvadoreño o nicaragüense celebran juntos sus días patrios con desfiles, fiestas y otras actividades. Sus respectivas patrias son naciones indepedientes, pero sus gentes comparten una historia común de lucha contra el dominio español.

Niña con un sombrero tradicional mexicano en una fiesta del Cinco de Mayo.

CINCO DE MAYO (MÉXICO)

Para los mexicoamericanos, el Cinco de Mayo es la fecha de recordar una extraordinaria victoria mexicana contra el invasor extranjero en 1862 y de honrar la memoria de uno de los héroes mexicanos más importantes, Benito Juárez.

Benito Juárez era un indio zapoteca que llegó a ser presidente de México en 1861, después de haber participado en la formulación de las leyes de la Reforma para el nuevo gobierno de su país. Por medio de tales leyes se establecía la libertad de credos religiosos y el gobierno se encargaría de las escuelas nacionales para que todos los niños del país tuvieran acceso a la educación. A los ricos les caían muy mal las reformas de Juárez.

En 1861, el emperador francés Napoleón III invadió México con el pretexto de que el gobierno mexicano le debía dinero a Francia. Los mexicanos conservadores recibieron a las tropas francesas con los brazos abiertos, pero los seguidores de Juárez lucharon ferozmente. El 5 de mayo de 1862, un maltrecho ejército mexicano se enfrentó al bien equipado ejército francés en la ciudad de Puebla y sucedió lo inconcebible: ganaron los mexicanos.

Desafortunadamente, los franceses no estaban dispuestos a salir de México todavía: ganaron otras dos batallas y, en 1864, Juárez tuvo que huir de la ciudad de México. Sin embargo, pudo regresar a los pocos años porque, al fin, los franceses se dieron por

vencidos. Entonces, Juárez asumió de nuevo el poder. Cuando los mexicoamericanos de hoy celebran el Cinco de Mayo, recuerdan el valor de los que hicieron frente y resistieron la invasión francesa.

DÍA DE LA RAZA (PUERTO RICO, REPÚBLICA DOMINICANA Y OTROS)

El desembarco de Cristóbal Colón en el Nuevo Mundo, el 12 de octubre de 1492, es día feriado en Estdos Unidos. Para muchos latinos es aún más especial. Colón llegó a la parte oriental de la isla que llamó La Española, donde hoy se encuentra el país de Santo Domingo (en la otra parte se encuentra el país francoparlante de Haití). Los dominicanoamericanos, especialmente en Nueva York y Nueva Jersey, celebran ese día como el Día de la Raza o Día de la Hispanidad, con desfiles y otras fiestas, por el orgullo de su herencia hispana.

Los puertorriqueños celebran también el 19 de noviembre porque ese día, en 1493, Colón llegó a la isla que con el tiempo tomó el nombre de Puerto Rico. Le llaman Día del Descubrimiento.

NACIMIENTO DE JOSÉ MARTÍ

Cristóbal Colón desembarcó en Cuba el 27 de octubre de 1492 y diez años más tarde, España envió un gobernador. Desde el principio, los españoles no se llevaban bien con los taínos, los indios que habitaban la isla. A medida que más españoles con sus esclavos se asentaban allí, más descontento había por la manera en que el gobierno español trataba al pueblo.

Los españoles descubrieron que el clima y el terreno en Cuba eran muy apropiados para la siembra de caña de azúcar y tabaco. Pronto hubo grandes haciendas donde se cultivaban estos dos productos agrícolas. Para 1830, Cuba exportaba más azúcar que ningún otro país o colonia en el mundo, pero los cubanos no se beneficiaban mucho con todo el dinero que producían.

El joven cubano José Martí empezó a hacer campaña contra los gobernantes españoles. Lo hacía tan al descubierto que lo exiliaron de su país cuando apenas contaba dieciséis años. Martí pasó muchos años en España y en Estados Unidos. Escribió artículos y libros sobre política latinoamericana. Fue un poeta famoso.

Los españoles finalmente abolieron la esclavitud en Cuba en 1886. Sin embargo, el descontento continuaba porque los mismos no cumplían otras promesas. Martí regresó a Cuba, con compañeros que compartían su manera de pensar, para luchar contra España.

El grupo llegó a su patria en mayo de 1895. Martí jamás se había visto en un conflicto armado; ni siquiera sabía montar a caballo. Pero el día 19, montado a caballo, salió a luchar, como jefe de otros rebeldes—y murió ese mismo día.

Para los cubanos y los cubanoamericanos, José Martí es uno de sus más grandes héroes. La fecha de su nacimiento, el 28 de enero, es una fecha patriótica importantísima.

DÍA DE LA INDEPENDENCIA (CUBA)

Después de la muerte de José Martí, sus compatriotas continuaron la lucha contra España. Ya que sabían la importancia del azúcar, quemaron numerosos cañaverales y destruyeron muchísimos centrales o ingenios azucareros. Estaban dispuestos a echar a los españoles de su tierra fuera como fuera.

En Estados Unidos había preocupación por la lucha en Cuba. En 1898, el presidente William McKinley envió el *Maine*, un acorazado estadounidense, al puerto de La Habana. Los americanos que residían allá se refugiaron en el barco, pero ni allí se estuvo a salvo. El 15 de febrero de 1898, hubo una explosión en el *Maine* y 266 ciudadanos estadounidenses perecieron.

Estados Unidos entonces se metió en la guerra y envió tropas a Cuba para ayudar a los rebeldes a acabar con el

dominio español, lo cual se logró. La guerra terminó el
12 de agosto de 1898 con la rendición de España. Un
gobierno militar estadounidense tomó posesión el 1º de
enero de 1899. Muchos cubanoamericanos aún consideran
que éste es el día de la independencia cubana.

Fiestas patrias latinoamericanas

Argentina	25 de mayo	Primer gobierno independiente. 1810
Bolivia	6 de agosto	Independencia de España, Argentina y Perú. 1825
Colombia	20 de julio	Rebelión contra la dominación española. 1810
Costa Rica	15 de septiembre	Independencia de España y Nueva España. 1821
Cuba	1º de enero	Tropas de EE. UU. acabaron el dominio español. 1899
Chile	18 de septiembre	Primer gobierno chileno. 1810
Rep. Dominicana	27 de febrero 6 de agosto	Independencia de Haití. 1844 Recuperación de la independencia después de la ocupación haitiana
Ecuador	10 de agosto	Rebelión contra la dominación española. 1809
El Salvador	15 de septiembre	Independencia de España y Nueva España. 1821
Guatemala	15 de septiembre	Independencia de España y Nueva España. 1821

Honduras	15 de septiembre	Independencia de España y Nueva España. 1821
México	16 de septiembre	El padre Miguel Hidalgo Costilla empezó la lucha por la independencia de España. 1810
	5 de mayo	Los mexicanos vencieron una invasión francesa. 1862
Nicaragua	15 de septiembre	Independencia de España y Nueva España. 1821
Panamá	3 de noviembre	Independencia de Colombia. 1903
Paraguay	14-15 de mayo	Independencia de España. 1811
Perú	28 de julio	Independencia de España. 1821
Puerto Rico	19 de noviembre	Desembarco de Cristóbal Colón en Puerto Rico. 1493
	24 de septiembre	Rebelión contra el dominio español. 1868
Uruguay	25 de agosto	Independencia de Brasil. 1825
Venezuela	5 de julio	Independencia de España. 1811

Capítulo 4

FESTIVALES POPULARES

En ciudades y pueblos a través de Estados Unidos hay festivales que celebran la historia y la tradición latinas. Si alguien tuviera un año para viajar por todo el país, podría encontrarse con numerosos desfiles, trajes típicos, comida y música.

INVIERNO

De principios de febrero a mediados de marzo se celebra el Carnaval Miami en esa ciudad de Florida. El centro de actividades es la Calle Ocho, en la llamada Pequeña Habana (Little Havana), donde existen restaurantes y otros establecimientos comerciales de cubanoamericanos. Los residentes de la Calle Ocho (Southwest Eighth Street) organizan la fiesta callejera más grande de Estados Unidos en esos días. Aproximadamente millón y medio de personas van a las festividades y pueden participar en juegos de azar, comprar artesanías, escuchar música; o si no, competir en un torneo de golf, una competencia de cocina, un concurso de belleza y una carrera. Para comida, música y bailes cubanos, no hay como este lugar.

Más o menos en la misma época se celebra un festival de cuatro días conocido como Charro Days en Brownsville, Texas. La palabra *charro* se usaba para describir a los *rancheros* que ayudaron a México a independizarse de España. A los rancheros les gustaba vestirse de manera

Latina con traje de volantes o ruchas en el desfile de una charreada.

muy vistosa y llamativa, muy "charra", con sombreros
de ala ancha, chaquetas bordadas con hilos plateados
y grandes espuelas en las botas. El festival empezó en
la década de 1950 como una *charreada*, un rodeo a
la manera mexicana. Actualmente incluye desfiles,
conciertos, fuegos artificiales, bailes y danzas, juegos,
puestos de comida, artesanías y presentación de trajes
típicos.

PRIMAVERA

En el este de Los Angeles, "East Los", California,
unos mexicoamericanos organizan un festival poco
común alrededor del 1° de abril. Le llaman PochoFest
y es para burlarse de ciertos mexicoamericanos a
quienes comunmente se llama *pochos*. Los pochos
son mexicoamericanos que se las dan como que se
han olvidado de su herencia mexicoamericana: no
hablan español, saben muy poco de las costumbres
mexicanas y los chiles los ahogan. Se elige una reina y
un rey para el festival y, una vez coronados, encabezan
el desfile en que los participantes actúan como payasos.
Los espectadores les tiran totopos y maíz tostado.

En Rock Springs, Wyoming, se celebra un Festival
de la Herencia Hispana (Hispanic Heritage Festival) el
primer sábado después de Pascua Florida. Aquí hay
juegos, artesanías, música, bailes, competencias y
exposiciones variadas.

La última semana de abril se celebra la
Conferencia Internacional de Mariachis en Tucson,
Arizona (Tucson International Mariachi Conference),
un evento muy especial para los amantes de la música
mexicana. Distintos gupos de mariachis cantan y tocan
sus instrumentos: guitarra, guitarrón, vihuela, corneta
y trompeta. Quienes no están interesados en la música
pueden ir a la Garibaldi Fiesta, también en Tucson,
donde hay comida, exposición de arte, artesanías,
juegos y un desfile.

Una orquesta toca en un festival cerca de la Misión de San José en San Antonio, Texas

El Festival de Conjunto Tejano (Tejano Conjunto Festival) tiene lugar durante cinco días a mediados de mayo en San Antonio, Texas. La música de *conjunto* como se entiende en Estados Unidos se originó en el norte de México y el sur de Texas a fines del siglo pasado. El grupo musical conocido como *conjunto* se caracteriza por el uso de acordiones y guitarras de doce cuerdas junto con otros instrumentos. La música de conjunto "tejano" es distinta de la de conjunto "norteño". El festival, que data de 1982, se celebra en Rosedale Park, Mission County Park y Market Square. Los músicos tocan día y noche y el público de toda edad puede bailar. Hay venta de comidas típicas y artesanías.

En 1989, la New Orleans Hispanic Heritage Foundation instituyó el Carnaval Latino de Nueva Orleans, un festival que tiene lugar un fin de semana a mediados de junio. El primero se hizo en el histórico barrio francés, pero esa área resultó muy pequeña y se mudó a City Park, en Marconi Meadows, en 1994. Todos los años se elige a una reina para encabezar el desfile. Músicos y artistas de muchas clases hacen presentaciones. Distintos restaurantes famosos de Nueva Orleans ponen puestos de comida durante el festival.

VERANO

En el Festival Mundial Latino (Latino World Festival) de Detroit, Michigan, se congregan muchos músicos famosos de ascendencia hispana. Esto tiene lugar tres días durante la tercera semana de julio. Empezó en 1971 en Hart Plaza, en el centro de la ciudad de Detroit. Hay ventas de comidas típicas y juegos para los niños. El domingo hay una misa católica para todo el que quiera asistir.

A partir de 1970 se celebra el Hispanic American Festival, o Festival Latino, a fines de julio en El Barrio, un vecindario predominantemente latino de Washington, D.C. Al principio era sólo presentación de bailes populares y comidas típicas, pero después se añadieron juegos de fútbol, la coronación de la reina y un baile de gala. También hay varios concursos, presentaciones de música y baile, así como comidas de distintos países latinoamericanos. El último domingo de julio, el festival presenta un grandioso desfile.

Otra celebración es el Festival del Barrio, en Philadelphia, Pennsylvania. Se hace en la Calle Quinta Norte (North Fifth Street), donde viven muchos puertorriqueños, el mayor grupo hispano de la ciudad. En el festival abundan las comidas puertorriqueñas, la música y los trajes típicos.

La Fiesta de las Flores tiene lugar el fin de semana del Día del Trabajo en Washington Park, El Paso, Texas, con la cooperación de la Cámara de Comercio de la ciudad. En el festival hay música popular, bailes y danzas, juegos,

Disfraces relucientes de danzantes brasileños durante el carnaval.

artesanías y trajes típicos. La mayoría de las presentaciones las hacen mexicanos o mexicoamericanos.

OTOÑO

Todos los años, el presidente de Estados Unidos proclama una semana en septiembre como Semana de la Herencia Hispánica (Hispanic Heritage Week) con el objeto de hacer resaltar lo latino, de presentar a la población en general las contribuciones latinas que han dado más riqueza e interés a Estados Unidos. Pero en Washington, D.C., hay tanto que celebrar que se ha declarado todo el mes de septiembre Mes de la Herencia Hispánica (Hispanic Heritage Month), en vez de sólo una semana. Hay desfiles de modas de famosos diseñadores hispanos, así como conciertos y charlas que se refieren a la vida hispana. Un grupo de congresistas hispanos y otros líderes políticos organizan un lujoso banquete en el cual se reconoce con galardones a latinos que han triunfado en el comercio, la educación o las artes.

En el centro de Philadelphia se celebra el Festival de la Semana Puertorriqueña (Puerto Rican Week Festival), la última semana de septiembre. Músicos puertorriqueños y sus invitados cubanoamericanos y otros latinos hacen presentaciones. Más de 100,000 personas disfrutan de la música, así como de las comidas, bailes, juegos y artesanías.

Un número mayor se reúne en Bayfest en Corpus Christi, Texas, el último fin de semana de septiembre. Éste es un festival internacional que tiene lugar en North Shoreline Boulevard, cerca del Golfo de México. Aunque no se le denomina festival hispano, más de la mitad de los artistas son mexicoamericanos. Las actividades, que tienen lugar en la playa, incluyen música y bailes tradicionales, comidas y juegos. También hay competencias de balsas y una para "cualquier cosa que flote menos un bote". Por último, el público disfruta de las demostraciones de salvamento de la Guardia Costanera y de los fuegos artificiales en la bahía.

El Festival Popular de la Frontera (Border Folk Festival), dura de tres a seis días a principios de octubre. Data de

Flores de papel de colores vivos, como los trajes de estos jóvenes bailadores latinos.

■ **39** ■

1973 y se celebra en el Chamizal National Memorial, en El Paso, Texas, un lugar donde se terminó pacíficamente una disputa fronteriza entre Estados Unidos y México hace unos años. El festival ofrece comidas típicas, artes, artesanías y programas especiales para los niños, así como mucha música, bailes y danzas.

El mes de octubre entero se designa para el Festival de la Herencia Hispánica (Hispanic Heritage Festival) en el Condado de Dade, Florida, con centro en Miami. Cubanoamericanos y otros latinos exponen sus artesanías

Dos jóvenes con trajes bordados y vistosos sombreros en un festival peruano en Los Angeles.

y otros trabajos artísticos. Se presenta una obra teatral basada en los viajes de Cristóbal Colón al Nuevo Mundo. Otras actividades especiales incluyen un baile de gala, un torneo de golf y conciertos en Tropical Park.

Todo lo anterior es sólo una pequeña muestra de festividades donde el público en general puede disfrutar de la comida, la música, los bailes y las danzas y el arte latinos. Ya que los latinos son el grupo étnico de mayor crecimiento en Estados Unidos, sin duda habrá muchos otros festivales que celebran su herencia y su cultura en los años por venir.

CALENDARIO DE DÍAS FESTIVOS Y CELEBRACIONES LATINOS

1º de enero	Independencia, Cuba
6 de enero	Los Tres Reyes Magos
2 de febrero	Vigen de la Candelaria
27 de febrero	Independencia, Rep. Dominicana
febrero o marzo	Charro Days, Brownsville, Texas
19 de marzo	San José
1º de abril	PochoFest, Los Angeles
1er sábado después de Pascua Florida	Hispanic Heritage Festival, Rock Springs, Wyoming
última semana de abril	Tucson International Mariachi Conference
3 de mayo	Santa Cruz
5 de mayo	Batalla de Puebla, México
14-15 de mayo	Independencia, Paraguay
mediados de mayo	Tejano Conjunto Festival, San Antonio, Texas
25 de mayo	Independencia, Argentina
principios de junio	Día de Corpus Christi
mediados de junio	Carnaval Latino, Nueva Orleans
24 de junio	San Juan Bautista
5 de julio	Independencia, Venezuela
20 de julio	Independencia, Colombia
3ª semana de julio	Latino World Festival, Detroit, Michigan
28 de julio	Independencia, Perú
fines de julio	Festival Latino, Washington, D.C.
6 de agosto	Independencia, Bolivia
10 de agosto	Independencia, Ecuador

16 de agosto	Restauración, Rep. Dominicana
25 de agosto	Independencia, Uruguay
última semana de agosto	Festival del Barrio, Philadelphia, Pennsylvania
septiembre	Hispanic Heritage Month, Washington, D.C.
fin de semana, Día del Trabajo	Fiesta de las Flores, El Paso, Texas
8 de septiembre	Nuestra Señora de Montserrat
15 de septiembre	Independencia, Guatemala, Honduras, Nicaragua, El Salvador, Costa Rica
15-16 de septiembre	Independencia, México
18 de septiembre	Independencia, Chile
24 de septiembre	Grito de Lares, Puerto Rico
última semana de septiembre	Puerto Rican Week Festival, Philadelphia, Pennsylvania
último fin de semana de septiembre	Bayfest, Corpus Christi, Texas
octubre	Hispanic Heritage Festival, Dade County, Florida
principios de octubre	Border Folk Festival, El Paso, Texas
4 de octubre	Día de San Francisco
12 de octubre	Día de la Raza/de la Hispanidad/ de Colón
2 de noviembre	Día de los muertos/difuntos
3 de noviembre	Independencia, Panamá
19 de noviembre	Descubrimiento, Puerto Rico
12 de diciembre	Nuestra Señora de Guadalupe
16-24 de diciembre	Las Posadas
24 de diciembre	Nochebuena
25 de diciembre	Navidad

GLOSARIO

arepa: Tipo de pan de maíz que se hace con harina de maíz, aceite y, a veces, queso blanco.

caballeros: Aquí, los muchachos que acompañan a la quinceañera y sus damas durante la fiesta.

cascarón: Aquí, cascarón de huevo vaciado que se llena de confetti.

conjunto: Aquí, grupo musical mexicano o texano que emplea acordión, instrumentos de cuerda y tambores.

criollo: Aquí, descendiente de españoles nacido en América.

chambelán: Joven que acompaña a la quinceañera o una de las damas.

charreada: Rodeo a la manera mexicana.

dama: Aquí, una de las jóvenes de la corte de la quinceañera.

eucaristía: Celebración de la muerte de Jesucristo que se hace con el pan y el vino; comunión.

mariachi: Grupo musical mexicano que emplea instrumentos de cuerdas y metálicos de viento; uno de los integrantes del grupo.

merengue: Tipo de baile y música de la República Dominicana.

misa del gallo: Misa de Nochebuena que se celebra en las iglesias católicas.

pan de muerto: Pan que se hace en forma de calavera para el Día de los muertos.

pastel: Aquí, tipo especial de tamal con carne o pescado.

patrón, patrona: Un santo o una santa que se cree que protege a un país o una comunidad de personas.

peninsular: Aquí, persona nacida en España residente en América durante los días coloniales.

piñata: Olla de barro o recipiente de papel piedra llena de dulces.

plátano: Aquí, variedad de banano que se come cocido.

quinceañera: Muchacha de quince años; fiesta que se hace para celebrar los quince años de una muchacha.

salsa: Tipo de aderezo, a veces picante; tipo de música muy alegre.

sancocho: Sopa o potaje que lleva plátanos, legumbres o viandas y gallina o carne de res.

santo, santa: Figura histórica que algunos creen que hace milagros y posee una beatitud especial.

sarape: Especie de capote de monte o poncho.

tamales: Especie de empanadas

de masa de harina de maíz con relleno de ingredientes diversos y envuelto en hojas de plátano.

tilma: Capa de algodón o de lana que llevan los hombres de campo; poncho; sarape.

turrones: Tipo de dulce de España muy popular en Cuba.

BIBLIOGRAFÍA

Catalano, Julie. *The Mexican Americans*. New York: Chelsea House, 1988.

Fagg, John Edwin. *Cuba, Haiti, and the Dominican Republic*. Englewood Cliffs, N.J.: Prentice-Hall, 1965.

Hewett, Joan. *Hector Lives in the United States Now: The Story of a Mexican-American Child*. New York: Lippincott, 1990.

Krull, Kathleen. *The Other Side: How Kids Live in a California Latino Neighborhood*. New York: Lodestar Books, 1994.

Lankford, Mary D. *Quinceañera: A Latina's Journey to Womanhood*. Brookfield, Conn.: Millbrook Press, 1994.

Lansing, Marion F. *Liberators and Heroes of the West Indian Islands*. Boston: L. C. Page, 1953.

Mendez, Adriana. *The Cubans in America*. Minneapolis: Lerner Publications, 1994.

Perl, Lila. *Piñatas and Paper Flowers: Holidays of the Americas in Spanish and English*. New York: Clarion Books, 1983.

Prago, Albert. *The Revolutions in Spanish America: The Independence Movements of 1808-1825*. New York: Macmillan, 1970.

Silverthorne, Elizabeth. *Fiesta! Mexico's Great Celebrations*. Brookfield, Conn.: Millbrook Press, 1992.

Westridge Young Writers Workshop. *Kids Explore America's Hispanic Heritage*. Santa Fe, N.Mex.: J. Muir Publications, 1992.

ÍNDICE